이 책은 머릿속이 온통 재봉틀 구매 생각으로 가득 찼던 한 사람의 기록입니다. 최상의 재봉틀을 구매하기 위해 그러모은 지식들을 어딘가에 내뱉지 않고는 견딜 수 없어 조금씩 쓰다보니 이렇게 되었네요.

책에 등장하는 여러 제품과 브랜드 등에 대한 생각은 제가 직접 구매하고 사용하며 얻은 주관적인 감상임을 밝힙니다. 이는 절대적인 평가가 아니며 개개인의 경험과는 다를 수 있습니다.

바라건대 저의 경험이 막막한 시작을 앞둔 분들께는 작은 힌트가, 재봉의 세계가 궁금한 분들께는 흥미를 돋우는 참고 자료가 되었으면 합니다.

손으로 만드는 생각

차 례

재봉으로 또다시 시작되는 나의 이야기 (들어가며)   10

재봉을 시작했다
    취미가 취미를 부른다   17
    재봉 수업을 시작하지   18
    두근두근, 내 첫 재봉틀   22
    첫 재봉틀 선택의 이유   24
    다양한 재봉틀을 직접 보고 결정하고 싶다면?   25
    제대로 배울 결심   26

도구의 세계, 장비의 늪

재봉틀이 다가 아니었다	34
온라인 VS 오프라인 부자재 구매 전략	36
실은 뭘 사야 하지? 수와 합이란	38
원단과 실 '깔맞춤'하는 법	41
가정용 실 VS 공업용 실	42
오버록 실은 뭘로 사지?	43
오버록 실 비용 절약 꿀팁	44
원단은 어디서 살까?	47
가위 유목민의 가위 찾기	50
나에게 맞는 재단 가위 선택하는 방법	53
다림질 그거 어떻게 하는 건데?	54
결국 내가 고른 다리미는?	56

장비병이 차올라

한계가 보이기 시작하다	60
공업용 재봉틀에 대한 오해와 진실	62
처음 만난 세계, 공업용 재봉틀 시연기	64
끝없는 공업용 재봉틀 세계	66
너 내 오버록이 돼라	69
저의 재봉틀을 소개합니다	73
공업용 재봉틀이 왔다!	75
공업용 재봉틀 관련 소소한 팁	77
이제부터가 시작이다	79
공업용 재봉틀을 중고로 구매하지 않은 이유	82

세상에 내놓을 진심
뜻밖의 신호들 89
내 노력의 가치는 얼마일까? 91
뭘 만들면 좋을까? 95

나의 진짜 재봉 라이프 (마치며) 100

부 록
재봉 준비물 가이드 106

재봉으로 또다시 시작되는 나의 이야기 (들어가며)

나는 내가 만든 결과물을 좋아하는 사람이다. 이 사실을 꽤 늦게 깨달았다는 것이 뼈아프다. 그것이 사진일 때도 있었고, 자동차 램프에 들어가는 PCB 회로도일 때도 있었으며 사진이나 영상 혹은 책일 때도 있었다. 최근에는 뜨개를 하면서 새로운 작품을 만들었을 때 그 작품이 제법 입을 만하거나 정성 들여 합사한 실의 색감이 마음에 들면 그렇게 기분이 좋을 수 없었다.

2024년, 나는 인생 처음으로 책 한 권을 세상에 내놓았다. 마감 기한이 없어 한없이 늦어지는 나를 다그치려 4주짜리 책 만들기 수업을 들으며 원고를 쓰고, 편집하고 인쇄소를 찾아다녔다. 샘플을 비교하고 고치고, 다시 인쇄를 맡기고, 독립 서점에 입고 메일을 보내고, 북페어에도 참가했다. 책 한 권을 만들고 판매하는 데 필요한 모든 일을 혼자 다 해냈다. 보람 있고 즐거운 경험이었다.

당연히 금방 두 번째 책을 낼 줄 알았다. 하지만 세상일은 내 마음대로 흘러가지만은 않았다. 연말의 갑작스러운 비상계엄 선언 사태로 인한 깊은 무기력증이 찾아왔다. 지금 돌이켜보면 그건 우울이었던 것 같다. 침대에서 일어나는 것조차 버거웠고 온종일 답답한 마음으로 의미 없이 유튜브만 들여다보며 몇 달의 시간을 흘려보냈다. 그 좋아하던 뜨개조차 손에 잘 잡히지 않았다.

자꾸만 가라앉는 나를 붙잡기 위해 무언가 새

로운 것을 배워야만 했다. 세상이 어지럽고 마음이 복잡할 때, 손으로 무언가를 만들며 집중하면 마음이 가라앉는다는 것을 경험으로 알고 있다. 뭘 배워볼까 고민하던 차에 뜨개질을 하며 들고 다니던 프로젝트 백이 떠올랐다. 시중에 파는 것들 중에는 원하는 원단이나 크기의 가방이 없어서 어딘지 조금씩 아쉬웠던 것이다. 그래서 이참에 재봉을 배워 직접 만들어보기로 마음먹었다. 그렇게 나는 재봉을 배우기 시작했다. '혹시 재봉이 나에게 숨겨져 있던 재능은 아닐까?' 하는 기대와 함께.

재봉을 시작했다

취미가 취미를 부른다

뜨개질에 빠져 살다 보니 장비가 하나둘 늘어갔다. 바늘, 실, 물레부터 편물을 담아가지고 다닐 프로젝트 백과 바늘 케이스까지. 어느 날부터인가 주변의 뜨개인들이 패브릭으로 프로젝트 백이나 바늘 케이스 등을 직접 만들어 팔기 시작했다. 가만 보니 다들 재봉틀로 뚝딱뚝딱 만드는 모양이었다.

'재봉틀만 있으면 저게 가능하다고?'

손바느질에는 영 젬병이었지만 기계는 잘 다루는 나였다. 슬슬 재봉이라는 취미가 눈에 들어오기 시작했다.

재봉 수업을 시작하지

　　　　재봉을 시작하기 위해 재봉틀 가격을 알아보니 가격이 천차만별이었다. 재봉틀에 대해서도 잘 모르고, 재봉이 나한테 맞는지 안 맞는지도 모르고 덜컥 구매부터 하기에는 부담되는 가격이었다. 그래서 재봉틀을 사지 않고도 들을 수 있는 강의를 알아보다가 근처에 있는 풀잎문화센터에 등록했다. 풀잎문화센터는 수업료가 저렴하고 수업료에 재료비도 포함되어 있어 내가 따로 준비할 게 없었다. 그리고 무엇보다 집에서 가까웠다.

　　　　첫 수업 때, 나는 겨우 재봉틀에 실 하나를 끼우면서 진땀을 흘렸다. 물론 센터의 난방이 너무 잘 돼서 덥기도 더웠지만 어쨌든 그만큼 긴장했다는 뜻이다. '내가 이 기계를 망가뜨리면 어쩌지?', '손을 다치진 않을까?' 별생각이 다 들었다.

　　재봉틀에 윗실과 밑실을 끼우는 방법을 배우고 직선, 곡선을 따라 박는 연습을 했다. 그러고는 바로 티 코스터를 만들었다. 직선 박기는 꽤 괜찮았지만, 곡선 박기는 형편없었다. 그래도 어찌저찌 티 코스터 두 개가 만들어지긴 했다.

　　수업은 총 5회였다. 첫 수업 때 진땀 흘린 것을 생각해 보면 놀랍게도 수업에 다녀올 때마다 파우치, 에코백, 쿠션 커버 같은 것들이 하나씩 내 손에 들려왔다. 솔직히 말하자면 수업 때 제공받는 원단의 디자인은 내 취향과 거리가 멀었지만, 재봉 초보인 내가 수업 한 번에 작품 하나를 완성할 수 있다는 사실 자체가 그저 신기할 따름이었다.

하지만 역시 재봉도 내게 숨겨진 재능 같은 것은 아니었다. 재봉틀이 처음부터 내 마음대로 움직여주지는 않았으니까. 원단과 재봉틀을 원하는 대로 다루는 법을 익히기까지는 꽤 시간이 필요하다.

풀잎문화센터에서 만든 것들

두근두근, 내 첫 재봉틀

'이런 실력으로 재봉틀을 사도 되는 걸까?'

일주일에 한 번 해보는 재봉으로는 실력이 확 느는 것 같지 않아 확신이 생기지 않았다. 하지만 한편으로는 이런 생각이 고개를 들었다.

'집에서 연습하면 실력이 훨씬 더 빠르게 늘지 않을까?'

그때부터 나는 당근마켓에 잠복했다. 양심상 중고 재봉틀을 구매하기로 마음먹었기 때문이다. 잠복한 지 3주 정도 만에 사절도 되고 다양한 스티치가 가능한 상태 좋은 가정용 재봉틀을 저렴한 가격에 데려오는 데 성공했다. 일주일에 한 번 한두 시간만 재봉하다가 집에서 매일 연습을 하니 실력은 확실히 늘었다. 무엇보다 내가 원하는 원단으로, 내가 만들고 싶은 것을 만들 수 있다는 점이 좋았다. 틀리면 마음껏 뜯고 다시 재봉했다.

내 경우에 의류를 기준으로 뜨개질은 정말 빨라야 2주에 작품 하나가 나오고, 평균적으로 한 작품을 뜨는 데 한 달은 걸리는데 재봉은 마음먹고 집중하면 두어 시간 만에도 결과물 하나가 뚝딱 만들어졌다. 그 속도감이 마음에 들었다. 재봉은 점점 더 재미있어졌다.

첫 재봉틀 선택의 이유

저는 첫 재봉틀로 부라더(brother)의 이노비스 A150 모델을 선택했어요. 그 이유는 다양한 편의 기능들 때문이에요. 이노비스 A150에는 이름에서 알 수 있듯이 150가지의 스티치 패턴이 내장되어 있어 기본적인 재봉부터 장식까지 폭넓게 활용할 수 있어요. 특히 주목할 만한 기능은 **자동 사절 기능**과 **자동 실 끼우기 기능**이에요.

자동 사절 기능은 재봉이 끝날 때 가위 그림 버튼을 누르면 실을 잘라주는 기능인데 덕분에 가위가 옆에 없어도 작업을 끝낼 수 있어서 편리해요.

자동 실 끼우기 기능은 실을 교체할 때 마지막 단계에서 왼쪽에 있는 레버를 아래로 내리면 실이 바늘구멍에 끼워지는 기능이에요. 이 두 가지 기능 덕분에 재봉과 더 빨리 친해질 수 있었어요.

그리고 **하드케이스**가 제공되기 때문에 재봉틀을 보관할 때 깔끔하고 안전하게 보관할 수 있어요.

다양한 재봉틀을 직접 보고 결정하고 싶다면?

　재봉틀을 구매하기 전, 나에게 맞는 모델이 어떤 것인지 직접 사용해 보고 결정하고 싶다면 박람회를 활용하는 것을 추천해요.

　그중에서도 매년 코엑스에서 열리는 핸드아티코리아는 국내 최대 규모의 수공예 페어로 다양한 재봉틀 브랜드가 참여해 부스를 운영합니다. 최신 모델을 중심으로 궁금했던 브랜드의 재봉틀을 시연해 볼 수 있다는 것이 가장 큰 장점이에요. 그리고 박람회 현장에서만 진행하는 특별 할인가나 사은품 증정 행사를 잘 활용하면 비교적 좋은 조건으로 재봉틀을 구매할 수 있습니다. 보통 매년 8월 초에 열리니 재봉틀 구매 계획이 있다면 미리 일정을 확인해 두세요!

제대로 배울 결심

혼자 재봉을 하면 할 수록 제대로 배우고 싶다는 욕심이 생겼다. 체계적인 배움이 필요하다고 느껴 몇 가지 선택지를 알아보았다. 먼저 내일배움카드로 들을 수 있는 국비 지원 수업을 떠올렸다. 이 수업은 저렴한 편이지만 거리가 멀었고, 하루에 듣는 수업 시간도 6시간 이상으로 길었다. 교육 시간이 길다 보니 점심시간도 있었는데 이 부분이 가장 부담스러웠다. 다음으로는 재봉 공방을 찾아봤다. 집 근처에 있는지 알아봤지만 아쉽게도 찾을 수 없었다. 고심 끝에 내가 선택한 곳은 소잉팩토리에서 진행하는 소잉클래스였다.

소잉클래스의 커리큘럼은 레벨 1(입문)부터 레벨4까지 순서대로 수강하는 방식이었다. 대개 가정용 부라더 미싱 새 제품을 구매하면 레벨1 강좌를 무료로 수강할 수 있는 수강권을 준다. 하지만 나는 재봉틀을 중고로 구매했기 때문에 수강권이 없어서 전액을 결제했다. (수강권이 있는 경우에도 원단 키트는 별도 구매해야 한다) 내가 선택한 소잉 베이직 클래스 레벨 1은 4가지의 간단한 소품을 만드는 과정이다. 키트의 원단이 랜덤이라 아쉬웠는데 이 부분은 추후 개선될 예정이라고 안내받았다. 나는 재봉틀 조작 방법은 알고 있기 때문에 레벨 2 과정부터 듣고 싶었지만, 규정상 레벨 1부터 순서대로 수강해야만 했다.

레벨 2에서는 의류와 소품 중 원하는 패턴 5가지를 골라서 수업을 듣게 된다. 이때부터는 수업에 필요한 재료를 직접 구매해야 했는데 여기서 한 가지 알아둘 점이 있다. 수업에 필요한 모든 원단과 부자재는 해당 매장에서 구매한 것만 사용 가능하다는 규정이 있었다. 온라인 소잉팩토리 몰에서 구매한 제품도 사용할 수 없었다. 그래서 집에 있어도 추가로 구매하게 된 재료들이 많았다. 이 부분은 지점마다 정책이 다를 수 있으니, 수강 등록 전에 미리 확인해 보는 것을 추천한다. 나는 레벨 2에서 만들 5가지 작품에 필요한 원단과 부자재를 매장 세일 기간을 활용하여 구매했고, 약 18만 원 정도가 들었다. 어떤 패턴과 원단을 고르냐에 따라 가격은 달라질 수 있다.

    나는 레벨 2까지 소잉클래스를 수강했다. 이

수업의 가장 큰 장점은 독학으로는 알기 어려웠던 재봉의 디테일을 배울 수 있다는 점이었다. 시침 핀 사용의 중요성, 깔끔하게 재단하는 노하우, 패턴을 옮기는 방법, 오버록을 사용하는 방법 등 실용적인 지식을 얻을 수 있었다. 매장에서 판매하는 다양한 부자재의 활용법을 알려주는 점도 유용했다. 특히 모든 수업이 부라더 미싱으로 진행되었기 때문에 클래스에서 배운 재봉틀의 다양한 활용법과 기능들을 집에 돌아와 곧바로 적용하고 복습할 수 있다는 점이 가장 큰 장점이었다.

 다만, 내가 수강할 당시에는 수강생이 몰리는 편이어서 원하는 일정에 맞춰 예약하는 것이 다소 어려웠다. 한번 수업이 밀리면 다다음 주로 예약이 잡히는 경우도 있었다. 규칙적으로 수업을 듣고 싶었던 나는 이 부분이 조금 불편했다. 그리고 재봉틀을 제외한 모든 재료를 직접 가지고 다녀야 한다.

소잉클래스 레벨1

소잉클래스 레벨2

도구의 세계, 장비의 늪

재봉틀이 다가 아니었다

지금 생각해 보면 풀잎문화센터는 천국이었다. 거기서는 내가 직접 재단할 일이 없었기 때문이다. 늘 강사님께서 원단이 필요한 만큼 잘라 곱게 다림질까지 해 두셨고 나는 그저 신나게 재봉만 하면 됐다. 그런데 집에 재봉틀을 들여놓고 보니 완전히 다른 세계가 펼쳐졌다. 재봉은 재봉틀만 있으면 끝인 줄 알았는데 그것은 착각이었다. 나는 [재단]이라는 산을 만났다. 게다가 필요한 부자재는 또 왜 이렇게 많은지. 재단을 하려면 일단 재단판이 있어야 했다. 거기에 자, 칼, 가위, 시침 핀… 파도 파도 사소한 것까지 필요하지 않은 것이 없었다.

결국 나는 비장한 마음으로 첫 부자재 쇼핑에 나섰다. 지인에게 조언을 구해 야무지게 쓴 리스트를 들고 향한 곳은 바로, 동대문 종합시장. 온라인 쇼핑에만 익숙한 데다 가격 흥정도 잘 못하는 내게 동대문시장은 던전 같은 곳이었다.

    처음 가본 동대문시장은 너무 넓고 작은 가게들이 다닥다닥 붙어있어 정신이 없었다. 어디서 뭘 파는지조차 감이 오지 않았고 계속 길을 잃었다. 지하를 헤매다 보니 유독 사람들이 몰려있는 가게가 눈에 띄었다. 마침, 부자재를 파는 곳이었다. 용기를 내어 리스트에 있는 것들을 주문했다. 하지만 워낙 정신이 없어 리스트를 챙겨갔음에도 불구하고 한 번에 구매하지 못해 그 후로도 몇 번이나 그 가게를 다시 찾아가야만 했다.

온라인 VS 오프라인 부자재 구매 전략

재봉을 이제 막 시작한 분들은 부자재를 어디에서 사야 할지 막막하게 느껴지죠. 과연 어디서 부자재를 사는 게 좋을까요?

동대문 종합시장 같은 오프라인 매장은 직접 물건을 보고 소량 구매가 가능하다는 장점이 있지만 정확한 가격을 미리 알기 어렵다는 단점이 있어요. 반면 온라인 쇼핑몰은 가격 비교가 쉽지만, 최소 주문 수량이나 배송비 부담이 있을 수 있고요.

사실 가격만 놓고 보면 온라인과 오프라인 매장 사이에 큰 차이가 없는 경우가 많아요. 하지만 부자재는 대부분 가격이 저렴해서 여러 쇼핑몰에서 필요한 것만 골라 담다 보면 배송비가 더 나올 수 있습니다. 그렇다고 배송비를 아끼려고 최소 주문 금액을 맞추다 보면 필요 이상으로 과소비하게 되기도 하고요. 하지만 오프라인 매장에서는 배송비 걱정 없이 딱 필요한 만큼만 원하는 제품을 눈으로 직접 보고 합리적으로 구매할 수 있다는 장점이 있죠.

그래서 가장 추천하는 방법은 먼저 온라인 쇼핑몰을 통해 구매하려는 부자재의 대략적인 시세를 파악해 두는 거예요. 그 후 오프라인 매장에 방문해 가격과 품질을 직접 비교하며 구매하는 겁니다. 이렇게 하면 적정 가격을 알고 가기 때문에 혹시라도 바가지를 쓸 일도 없어지고 과소비도 막을 수 있어요.

오프라인 매장 방문이 어렵다면 쇼핑몰의 첫 구매 할인쿠폰을 활용해 보세요. 원하는 제품을 가장 많이 파는 사이트를 찾아서 회원가입을 한 후 필요한 부자재를 한꺼번에 구매 하는 거예요. 쇼핑몰이나 시기에 따라 조금씩 다를 수는 있지만 대부분의 온라인 쇼핑몰에서 첫 구매 고객에게 다양한 할인쿠폰을 제공하고 있어요.

실은 뭘 사야 하지? 수와 합이란

이번엔 실에 대해 알아볼 차례다. 뜨개실에는 이제 제법 익숙해졌는데 재봉실은 또 달라서 머리가 지끈거렸다. 실을 사려고 찾아보면 '40수 3합', '45수 2합', '60수 3합' 등 암호 같은 숫자가 적혀있어 당황하게 된다. 여기서 '수(數, Count)'는 실의 굵기를 '합(合, Ply)'은 실의 가닥수를 의미한다. 예를 들어 '40수 3합'은 '40수 굵기의 실 세 가닥을 꼬아 만든 실'이라는 뜻이다. 중요한 점은 '수'의 숫자가 높을수록 실이 더 가늘어진다는 것이다.

그래서 어떤 실이 필요한지 결론부터 말하자면 재봉을 처음 시작하는 사람에게는 <u>45수 2합 또는 40수 2합</u>짜리 아이보리색 코아사 하나만 있어도 충분하다. (40수와 45수의 차이를 구분할 수 있는 초보자는 많지 않을 것이다. 나는 못한다) 아이보리색은 신기하게도 거의 모든 원단에 무난하게 잘 어울린다. '코아사'는 중심부에 튼튼한 폴리에스터 필라멘트사가 들어있고 그 겉을 면 등의 소재로 둘러싼 실을 말한다. 그래서 일반 재봉실보다 훨씬 질기고 튼튼하다고 한다. 가격은 일반 재봉실보다 약간 비싸지만 튼튼하고 잘 끊어지지 않아 고급 옷을 만들 때 사용하기도 하고 초보자가 연습용으로 쓰기에도 좋다. 연습하면서 실력이 늘고 부족함을 느끼면 그때 작품에 맞춰 필요한 실을 구매해도 된다고 이야기하고 싶다.

나는 처음에 이 사실을 몰랐다. 원단마다 실 색을 다 맞춰야 하는 줄 알고 친구에게 생일 선물로 무려

50색짜리 실 세트(45수 2합)를 받기도 했다. 물론 색이 다양하면 완성 단계에서 원단과 딱 맞는 색으로 마감할 수 있어 제품의 완성도를 한층 높일 수 있다는 장점이 있다. 하지만 처음부터 실에 많은 돈을 투자하기보다 충분히 연습한 뒤 필요한 색을 구매하는 것도 나쁘지 않다.

원단과 실 '깔맞춤'하는 법

실은 뭉쳐 있을 때와 한 줄로 풀었을 때의 색이 미묘하게 달라서 눈대중만으로 원단과 완벽한 색을 찾기란 생각보다 어려워요.

이럴 땐 고민하지 말고, 원단 일부를 조금 잘라 동대문 상가 같은 오프라인 매장에 가져가는 것을 추천해요. 사장님께 원단을 보여드리면 보통 사장님께서 원단과 찰떡궁합인 색을 귀신같이 찾아주십니다.

가정용 실 VS 공업용 실

　　　　재봉틀의 종류에 따라서 필요한 실의 크기가 다르다. 가정용 재봉틀은 한 번에 400m~1,500m 정도 감긴 작은 콘사로도 충분하다. 하지만 공업용 재봉틀은 속도가 빨라 이런 작은 실은 실이 딸려 나오는 속도를 감당하지 못한다고 한다. 그래서 최소 2,500m 이상 넉넉하게 감긴 큰 콘사를 사용해야 한다. 물론 가정용 재봉틀에 큰 콘사를 사용하는 것도 가능하다. 이 경우엔 재봉틀 뒤쪽에 별도의 실패 걸이가 필요하다.

오버록 실은 뭘로 사지?

오버록에는 기본적으로 3~4개의 실(콘사)이 필요하다. 오버록은 본봉*보다 실의 소요량이 많기 때문에 비교적 저렴하고 길이도 4,000m 이상으로 아주 긴 일반 재봉실을 주로 사용한다. 하지만 이건 정해진 규칙이라기보다 주어진 예산이나 추구하는 완성도에 따라 자유롭게 결정하면 된다.

나는 오버록에도 실이 필요하다는 사실을 깜빡하고 동대문에서 본봉 용 실만 신나게 사 왔다가 오버록 배송 전날 이 사실을 깨닫고 결국 새벽 배송으로 오버록 실을 급하게 주문해야만 했다.

---

* 지그재그나 자수 등 다른 부가 기능 없이 직선 박음질 기능에만 충실한 재봉틀

오버록 실 비용 절약 꿀팁

　오버록에도 튼튼하고 좋은 코아사를 쓰고 싶지만 4개의 실을 모두 쓰기엔 가격이 부담되죠. 이럴 땐 직선 박음질을 담당하는 두 개의 바늘실(니혼오버록*을 기준으로 왼쪽부터 2개의 실 : 1, 2번 실)만 코아사를 쓰고, 원단 가장자리를 감싸며 훨씬 실이 많이 소모되는 두 개의 루퍼실(니혼오버록을 기준으로 오른쪽부터 두 개의 실 : 3, 4번 실)은 저렴한 것을 쓰는 방법도 있어요.

　3, 4번 실의 경우 더 좋은 퀄리티를 내기 위해 날라리사**를 쓰기도 해요. 일단 면사를 쓰다가 필요해지면 추가 구매하면 된답니다.

---

* 바늘 2개와 실 4개를 사용해 직선 박음질과 시접 정리를 한 번에 해결해 주는 오버록
** 신축성이 있는 원단이나 얇은 원단의 끝을 촘촘하게 말아박을 때 사용하는 실.

내가 만든 최애 지갑

원단은 어디서 살까?

원단은 온라인으로 구매할 수 있지만 나는 처음에는 오프라인 매장에서 구매했다. 서울에 살고 있기 때문에 원단 하면 가장 먼저 생각나는 동대문 상가에 갔다. 동대문 상가 지하나 C동 5층, N동 4층 등에서 소매로 원단을 구매할 수 있다. 원단이 한두 마 정도만 필요하다면 소매가 가능한 곳에서 구매하면 된다. (1마 = 약 90cm) 2, 3층은 도매 거래를 주로 한다. 온라인 원단 쇼핑몰도 그렇지만 오프라인 쇼핑몰은 초보자에게 그야말로 별천지이자 개미지옥일 것이다. 나도 처음에는 예쁜 원단이 너무 많아서 고르는 과정이 고통스러울 정도였다.

초보라면 일단 탄탄한 면 원단으로 시작하는

것을 추천한다. 보통 20수나 30수 면이 연습하기에 가장 무난하다. (숫자가 커질수록 천은 얇아진다고 생각하면 된다) 나는 주로 10수나 20수 정도의 두께감 있는 캔버스나 옥스포드 원단을 좋아하는데 이 원단으로 가방이나 파우치를 만들면 각이 딱 잡혀서 예쁘기 때문이다. 내가 처음 공업용 재봉틀을 사야겠다고 결심한 것도, 이 두꺼운 원단들을 시원하게, 예쁘게 박아보고 싶어서였다. 30수 이상의 면 원단이나 광목 같은 경우는 안감으로 쓰기 좋다.

처음에는 부드럽고 잘 늘어나는 원단은 피하라고 말하고 싶다. 풀잎문화센터에서 첫날 누빔 처리된 신축성 좋은 말랑말랑한 원단에 곡선박기를 하다가 자칫

하면 재봉에 영 재능이 없는 줄 알고 하차할 뻔했기 때문이다. 탄탄한 원단으로 충분히 연습해서 자신감을 붙인 뒤 취향에 맞는 소재를 사용하면 된다.

가위 유목민의 가위 찾기

재단을 할 때 꼭 필요한 도구가 있다. 그것은 바로 재단 가위. 부자재를 사러 갔을 때 가게 사장님께 좋은 가위를 추천해 달라고 했다. 그렇게 추천받은 것은 가장 유명하다는 잠자리 가위였다.

문제는 내가 가위에 사이즈가 있다는 사실을 몰랐다는 거다. 좋다니까 덥석 사 왔는데 집에 와서 써보니 내 손에는 너무 크고 무거웠다. 뻑뻑하기는 또 어찌나 뻑뻑한지. 마음대로 조절을 하기 힘들었다. 이런 가위로 재단을 하려니 손가락은 가위 손잡이 안에서 불안정하게 돌아다니고 엄지손가락 쪽 뼈가 눌리고 아팠다. 재단도 삐뚤빼뚤해서 마음에 안 들었다.

결국 다른 방법을 모색하다가 피자 칼처럼 생긴 원단 재단 칼을 발견했다. 자를 대고 쓱 굴리면 원단이 깔끔하게 잘리는 도구였다. 이 방법이 재단할 때 더 편할 것 같았다. 바로 주문해서 써봤다. 확실히 깔끔하게 잘리긴 했다. 여러 겹을 동시에 자르기에도 좋았다. 그런데 자를 잡는 손에 힘을 너무 많이 줘서 자가 밀리거나 조금만 방심해도 칼이 자에서 떨어져서 삐뚤어지기 일쑤였다. 재단 칼을 사용하는 데에도 요령이 필요했다.

결국 몇 주 후에, 소잉팩토리에 가서 모든 가위를 직접 만져보고야 말았다. 그러고는 마침내 적당한 무게에 아주 부드럽게 잘리는 나에게 맞는 가위를 찾아냈다! 가위 하나를 바꿨을 뿐인데, 원단을 자르는 느낌이 재미있고 재단 스트레스가 확 줄었다.

요즘에는 재단 칼에도 제법 익숙해져서 그때그때 원단과 상황에 맞는 재단 도구를 선택하여 재단을 하고 있다.

나에게 맞는 재단 가위 선택하는 방법

재단 가위는 재단의 핵심 도구예요. 타인의 추천이나 브랜드 인지도에 따라 선택하기보다, 직접 테스트하여 본인에게 맞는 제품을 찾는 과정이 필요해요.

소잉팩토리 매장에서는 다양한 가위로 원단을 직접 잘라볼 수 있도록 시연 기회를 제공하고 있어요. 꼭 소잉팩토리가 아니더라도 가위를 비교해볼 수 있는 곳이 있다면 직접 방문하셔서 가위의 무게, 그립감, 절삭력 등을 비교해 보세요. 같은 브랜드의 제품이라도 크기별로 손의 피로도나 사용감이 크게 다를 수 있어요. 직접 테스트해 보시고 자기 손에 잘 맞는 인생 가위를 찾는 경험을 해보시길 바라요.

아! 그리고 재단 가위는 원단을 자르는 용도로만 사용하셔야 해요. 다른 용도로 사용하시면 비싼 재단 가위가 금방 상할 수 있어요.

다림질 그거 어떻게 하는 건데?

나는 살면서 다림질을 직접 해본 기억이 거의 없다. 어릴 때는 엄마가 해주셨고, 독립한 후에는 필요성을 느끼지 못했다. 세탁 후 힘껏 털어 널면 주름이 크게 문제 된다고 생각하지 않았다. 더욱이 스타일러를 사용하면서부터는 다리미가 필요할 일은 없을 것이라 여겼다. 하지만 재봉을 시작하면서 다림질이 작업의 완성도를 결정하는 매우 매우 중요한 과정임을 알게 되었다.

우선 집에 있던 공예용으로 사용하던 다리미를 꺼내봤다. 그 다리미에는 스팀 기능도 없고 열판에 이물질이 묻어 있어 재봉용으로 사용하기는 어려웠다. 그렇다고 덥석 큰 다리미를 구매하자니 왠지 무서웠다. 결국 스팀 기능이 있는 여행용 미니 다리미를 새로 구매했다.

하지만 이 다리미 역시 작은 크기로 인한 한계가 분명했다. 스팀도 약하고 열판의 면적이 좁아 넓은 원단을 다리려면 굉장히 오랜 시간이 걸렸다. 다리미판 앞에 한참을 서 있다 보면 금세 피로가 몰려왔다. 결국 더 나은 성능의 다리미를 찾아볼 수밖에 없었다.

결국 내가 고른 다리미는?

어떤 다리미를 살지 검색하다가 꿈의 다리미라 불리는 올리소 다리미를 알게 되었어요. 좋다는 말에 덥석 구매했죠.

제가 구매한 Oliso TG1600 Pro+모델에는 iTouch 자동 리프트 시스템이 있어요. 다리미 손잡이에서 손을 놓으면 다리미 본체에서 '다리'가 자동으로 나와 열판을 바닥에서 들어 올리고, 손잡이를 잡으면 다리가 들어가면서 다림질 준비 상태로 돌아가요. 저는 아무래도 다림질에 익숙하지 않아서 원단을 태울까 봐 이런 특별한 기능이 있는 다리미를 선택했어요. 평소 손목도 안 좋은데 다리미를 수시로 들었다 놨다 할 필요가 없어서 손목에 부담도 덜하고요. 사용해보니 스팀도 고르고 빵빵하게 나오고, 열판도 매끄럽고 큼직해서 마음에 들었어요. 유선 모델이라 다림질할 때 걸리적거릴까 걱정했었는데 전선이 길고 연결 부위가 360도 회전하기 때문에 다림질할 때 딱히 방해가 되지 않았어요.

하지만 아무래도 가격이 너무 부담되긴 해요. 다리미를 선택할 때에는 유명세나 마케팅에 휘둘리기보다 자신에게 어떤 기능이 필요한지 파악하고 그에 맞는 다리미를 선택하시길 바랍니다. 만약에 저와 같은 다리미를 구매하실 생각이라면 공동구매를 진행하는 경우가 많으니 재봉틀 판매 업체나 재봉 인플루언서의 블로그, 유튜브 등을 찾아보시고 저렴한 가격에 구매하시는 걸 추천해요.

장비병이 차올라

한계가 보이기 시작하다

아주 저렴한 가정용 재봉틀로도 멋진 작품을 만드는 사람들이 많다. 유튜브만 봐도 그런 사례는 쉽게 찾아볼 수 있다. 나 역시 처음에는 속도 레버를 중간에 놓고 사용하는 것만으로도 충분히 정숙하면서 속도도 빠르다고 느꼈다. 이 정도면 나에게 과분한 장비라는 생각을 했던 것도 사실이다.

하지만 몇 달이 지나자, 가정용 재봉틀의 속도가 답답하게 느껴졌다. 가장 빠른 속도로 설정할 때 진동과 소음이 심해서 이웃집에 피해를 줄까 염려되어 최고 속도를 사용할 수 없었기 때문이다. 바늘땀의 완성도도 마음에 들지 않았다. 특히 두꺼운 원단을 박을 때면 재봉틀이 힘겨워하는 것이 눈에 보였다. 원단을 밀고 당겨가며 겨우 결과물을 만들어 내기는 했지만, 성에 차지 않는 경우가 늘었다.

내가 가진 장비의 한계를 인정해야 할 때가 온 것이다.

공업용 재봉틀에 대한 오해와 진실

작품의 퀄리티를 높이고 싶다는 생각이 들자 자연스럽게 공업용 재봉틀을 고려하게 되었다. 물론 '공업용'이라는 이름이 주는 위압감 때문에 내가 사용해도 되는 물건인지에 대한 의구심을 떨치기 힘들었지만.

'나는 전문가도 아니고 공장에서 쓸 것도 아닌데
공업용 재봉틀 괜찮은 걸까?'

처음에는 몇 가지 우려되는 점 때문에 구매를 망설였다. 주로 부피, 소음, 그리고 기름 관리의 문제였다. 과연 내가 공업용 재봉틀을 구매해도 될지 엄청나게 찾아보며 공부하기 시작했다.

알아본 결과 공업용 재봉틀은 명칭과 달리 일반 가정에서도 많이 사용되고 있었다. 주로 직선 박음질이 가능한 본봉과 오버록을 함께 쓴다는 것도 알게 되었다. 먼저 우리 집에 공업용 재봉틀을 놓을만한 자리가 있는지 확인했는데, 다행히 안쓰는 책상을 정리하면 충분히 자리가 나왔다. 가장 걱정했던 소음 문제는 생각보다 심각하지 않았다. 최신 공업용 재봉틀에는 무소음 모터가 장착되어 있어 야간작업이 가능하다는 것을 확인했다. 기름 관리 역시 미세 급유 방식의 모델이라면 2~3년에 한 번씩 부족해진 기름을 보충해 주는 것만으로 충분하다고 했다. 그렇게 공업용 재봉틀에 대한 막연한 우려들이 해소되기 시작했다.

처음 만난 세계, 공업용 재봉틀 시연기

인터넷으로 하는 공부만으로는 부족하다. 직접 만져보고 밟아봐야만 공업용 재봉틀을 살지 말지 결정할 수 있을 것 같았다. 나는 한 블로그에서 공업용 재봉틀 공구를 진행한다는 글을 보고 당장 시연 예약을 잡았다. 내리는 비를 뚫고 찾아간 집 근처 재봉틀 가게. 그곳에서 나는 신세계를 만났다.

가정용 재봉틀을 쓸 때 가장 불편했던 것 중 하나는 페달이었다. 가정용 재봉틀의 페달은 바닥에 고정되지 않은 작은 플라스틱 페달로 꽤 깊게 밟아야 최고 속도가 나왔고 섬세한 속도 조절이 어려웠다. 플라스틱 페달도 섬세히 밟기 어려운데 공업용 재봉틀은 무거운 쇳덩어리에 페달 크기도 크니 엄청 뻑뻑하리라 생각했다. 그런데 이게 웬걸! 공업용 재봉틀의 페달은 발을 올려놓기만 해도 스르륵 부드럽게 작동했다. 게다가 발뒤꿈치를 이용해서 노루발을 들고 실을 끊을 수 있었다. 가정용 재봉틀에서는 한쪽 손을 원단에서 떼고 버튼을 눌러야 작동했던 사절 기능이 발 하나로 해결되는 것이다. 이 말은 두 손을 온전히 원단에 고정한 채 재봉의 모든 과정을 컨트롤할 수 있다는 것. 그것은 단순히 작업 속도가 빨라지는 문제를 넘어 결과물의 완성도를 결정짓는 문제였다.

끝없는 공업용 재봉틀 세계

본격적인 재봉틀 투어를 시작했다. 나는 총 네 곳에 견적을 요청했고 그중 세 곳은 직접 방문해서 상담도 받았다. 매장을 방문하며 기기와 관련된 자세한 정보를 얻고 브랜드별 비교까지 듣다 보니 재봉틀 특강을 듣는 기분이었다. 공업용 재봉틀은 내가 아는 것보다 훨씬 세분화되어 있었고 다양했는데 내가 직접 듣거나 매장에서 본 모델들만 해도 이 정도다.

- 본봉
  내가 사려는 가장 기본인 직선 박음질 전용 재봉틀.
- 단춧구멍용
  단춧구멍 만들기에 특화된 재봉틀. '나나인치'라고 불리는 재봉틀이 어떤 기능을 하는지 궁금했는데,

알고 보니 단춧구멍을 만드는 데 사용되는 재봉틀이었다.
- 단추달이용

  단추를 달아주는 재봉틀이 따로 있다.
- 쌍침

  두 줄 박기를 한 번에 하는 재봉틀.
- 상하송

  가죽이나 비닐처럼 두껍고 미끄러운 원단을 박는 재봉틀.
- 삼봉

  티셔츠 밑단처럼 겉은 두세 줄 직선이고 안은 오버록처럼 마감하는 재봉틀. 티셔츠를 많이 만드는 분들이 갖고 싶어 하는 재봉틀이라고 한다.

- 오버록/인터록

  원단의 올이 풀리지 않도록 시접을 마감하는 재봉틀.

  이 외에도 형태와 기능에 따라 정말 수많은 공업용 재봉틀이 있다고 한다.

너 내 오버록이 돼라

나는 패브릭을 이용해서 주로 소품을 만들고 가끔 옷을 만들거나 수선할 생각이었다. 내가 만들 제품들은 주로 직선 박기가 필요하고, 다양한 시접 처리가 가능한 오버록까지 있다면 충분했다.

마지막으로 방문한 매장은 직원의 해박한 지식과 진솔하고 자세한 설명에 믿음이 갔다. 공업용 재봉틀은 고장 나면 구매처에서 수리를 받아야 하니 믿음이 가는 곳에서 구매하는 게 무엇보다 중요하다고 생각했다.

본봉은 일찌감치 어떤 모델을 살지 결정했지만, 오버록이 문제였다. 두 번째 방문했던 매장에서 M 타입 오버록이 조용하고 성능도 최고라는 설명을 듣고 한동안 M 타입 제품의 구매를 고려하기도 했다.

그런데 마지막으로 들른 매장에서는 EX 타입이 M 타입보다 최신 기종이라고 설명해 주셨다. 그리고 EX 타입 역시 M 타입 못지않게 조용했을 뿐 아니라 몇 가지 면에서 훨씬 매력적이었다. M 타입은 모터가 재봉틀 테이블 아래쪽에 있어 기기가 상대적으로 작아 보이는 대신 전원 버튼이 테이블 뒤쪽 아래에 숨어 있어 켜고 끄기가 불편해 보였다. 반면 EX 타입은 모터와 모든 조작부가 위쪽에 배치되어 있어 보기에는 커보였지만 사용하기에 훨씬 편리했다. 게다가 재봉틀 본체에 직접 오일을 넣지 않아도 되는 헤드에 오일통이 내장된 드라이 헤드 방식이었다. 따라서 오일 오염이나 관리 걱정이 없었다. 상담해 준 직원의 말에 따르면 앞으로 10년간은 EX 타입 오버록이 대세가 될 것이며 EX 타입은 고장도 잘 나지 않을뿐더러 고장이 나더라도 부품 호환성 면에서 수리가 유리할 거라고 했다.

결국 나는 EX 타입으로 마음을 굳혔고, 본봉과 디자인을 통일할 겸 같은 브랜드 제품으로 최종 결정했다. 이제 마지막 남은 고민은 사절 기능 유무였다. 비사절 모델이 20만 원 더 저렴했지만, 왼발로 노루발을 들고 오른발로 오버록을 조작하는 양발 사용 방식이 마음에 걸렸다. 사절 모델은 본봉처럼 발판 하나로 앞꿈치와 뒤꿈치를 이용해 모든 조작이 가능했다. 고민 끝에 기능이 있는 데 안 쓰는 것과 없어서 못 쓰는 것은 다르다는 생각으로 사절 기능이 있는 오버록 모델을 구매하기로 했다.

저의 재봉틀을 소개합니다

많은 고민과 발품 끝에 저의 작업실에 두 대의 새로운 식구를 들이게 되었어요.

주키(JUKI) DDL-8000C

직선 박음질을 책임지는 가장 기본적이면서도 중요한 저의 주력 장비예요. 가장 큰 장점은 다이렉트 드라이브 방식의 '무소음 서보 모터'를 탑재했다는 점이에요. 덕분에 노루발을 들 때나 사절할 때 소음과 진동이 거의 없어 늦은 밤에도 마음 편히 작업할 수 있습니다. 암 부분이 길어져 작업하기 시원시원하고 오일 실드 시스템이 적용되어 기름이 새거나 오염될 염려가 없어요. 또한 터치패널이 직관적이라 조작이 쉬워요.

힘도 좋고, 조용하고, 바늘땀까지 예뻐서 만족하면서 사용 중이에요.

주키 진(JUKI JIN) M-1SF (사절 모델)

원단 가장자리를 깔끔하게 처리하고 신축성 있는 원단을 재봉할 때 꼭 필요한 오버록 재봉틀이에요. 저는 여러 모델 중 사절 기능이 포함된 주키 진 M1을 선택했어요. 이 모델 역시 다이렉트 드라이브 모터를 사용해 소음이 적고 아주 부드럽게 작동해요. 가정용 오버록과는 비교할 수 없는 정숙함과 안정감을 보여줍니다.

이 모델의 핵심은 **자동 사절** 기능이에요. 재봉 시 원단이 센서를 지나고 난 후 페달을 밟거나 사절 버튼을 누르는 것만으로 오버록의 실을 자동으로 잘라줘요. 이 기능 하나로 작업 효율이 올라가고 실을 아낄 수 있다는 장점이 있어요.

공업용 재봉틀을 구매할 때는 테이블 디자인을 선택할 수 있는데 저는 나무 테이블에 줄자 디자인이 마음에 들어서 둘 다 나무 테이블로 구매했어요. 본봉은 큰 테이블(118cmX55cm) 오버록은 작은 테이블(75cmX55cm)로 구매했어요.

공업용 재봉틀이 왔다!

공업용 재봉틀은 주문 후 바로 다음 날 받을 수 있는 제품이 아니다. 부피가 크고 사용 설명이 필요해서 가구처럼 배송 일정을 조율하는 시스템이었다. 나는 결제 후 배송까지 주어진 일주일 동안 기존의 책상을 정리하며 작업 공간을 마련했다.

배송 하루 전 기사님께서 몇 시에 도착할지 전화로 일정을 알려 주신다. 배송 당일 재봉틀은 테이블까지 모두 조립이 완료된 상태로 도착했다. 집 안에서 조립하는 것이 아니라 완성된 제품을 원하는 위치에 배치하고 전원을 연결하면 설치가 끝나는 방식이었다. 테이블에 바퀴가 달려있기 때문에 설치한 후에도 언제든지 혼자서 원하는 위치로 옮길 수 있다.

설치 후에는 기사님께서 기종별로 약 한 시간씩 사용법을 상세히 설명해 주셨다. 나는 양해를 구하고 모든 과정을 영상으로 기록해 두었다. 구매 전 미리 영상을 많이 찾아본 덕분에 빠른 설명도 비교적 쉽게 이해할 수 있었다.

공업용 재봉틀 관련 소소한 팁

• 재봉틀 배치: 재봉틀을 'ㄱ'자로 배치할 경우 오버록을 왼쪽에 두는 것이 작업 동선에 더 효율적인 것 같다. 내 경우 사정상 오버록을 오른쪽에 두었었는데, 본봉 작업 후 오버록으로 이동할 때 이동 거리가 제법 멀어서 의자 위치까지 조종해야 했다. 그리고 내가 움직일 때 무릎 리프트 레버가 자꾸 걸려 불편함이 있었다. 결국 오버록이 왼쪽에 있도록 위치를 바꿨고 바꿔보니 역시 편했다.

• 재봉 의자: 사절 기능이 있는 재봉틀은 발뒤꿈치로 페달을 힘껏 밟아야 할 때가 많다. 이때 바퀴 달린 의자를 사용하면 의자가 뒤로 밀릴 수 있기 때문에 바퀴가 없는 고정된 의자를 사용하는 것이 안정적이다.

이제부터가 시작이다

　　　　공업용 재봉틀이 작업실에 들어온 날 나는 다시 생초보로 돌아간 기분이었다. 공업용 재봉틀을 시연하면서 잠시 밟아본 것과 내 작업실에 놓인 기계를 조작하는 것은 전혀 다른 문제였다. 가정용 재봉틀과는 비교할 수 없는 힘과 속도 앞에서 솔직히 조금 당황스러웠다.

　　　　물론 속도 조절 기능이 있지만, 나에게 맞는 적정 속도를 찾는 데에는 시간이 필요했다. 처음 며칠은 기계의 떨림과 소음이 낯설게 느껴졌지만 금세 익숙해졌다. 가장 적응이 필요했던 것은 자동 되돌아박기 기능이었다. 내가 설정한 속도와 무관하게 되돌아박기는 최고 속도로 작동한 뒤에 내가 설정한 속도로 박음질이 되었다. 그래서 처음에는 되돌아박기를 할 때마다 깜짝 놀랐다. 이 부분은 자투리 원단에 직선 박기를 연습하며 점차 적응되었다.

그리고 가정용 재봉틀과는 달리 페달에 발을 올리고 살짝 힘을 주는 것만으로도 기계가 반응하기 때문에 모든 움직임에 더 신경을 써야 했다. 자칫하면 큰 사고로 이어질 수도 있으니 항상 조심해야 한다. 그리고 안 쓰던 뒤꿈치를 사용하는 것이 처음에는 조금 어색했다. 뒤꿈치를 자유자재로 사용하는 데에 꽤 많은 연습이 필요하다.

하지만 그 모든 적응의 시간을 기꺼이 감수하게 되는 이유는 분명하다. 이전에는 힘겹게 박았던 두꺼운 원단도, 많은 힘이 들어가던 긴 직선 박기도 큰 힘을 들이지 않고 해낼 수 있게 된 것이다. 훨씬 적은 시간 안에 더 완성도 높은 결과물을 만들어낼 수 있게 되자 재봉이 훨씬 재미있어졌다.

공업용 재봉틀을 중고로 구매하지 않은 이유

내가 살고 있는 동네는 저렴한 중고 공업용 재봉틀 매물이 많은 지역이었다. 그래서 한동안 키워드 알림을 해놓고 중고 재봉틀 게시글이 올라올 때마다 들여다보며 중고 제품의 구매를 고려했었다. 그러다 결국 새 제품으로 구매한 데에는 몇 가지 현실적인 이유가 있었다.

가장 큰 이유는 공업용 재봉틀에 대한 전문 지식이 부족하다는 것이었다. 중고 매물을 보더라도 기계의 상태나 성능을 정확히 판단할 자신이 없었다. 그리고 내가 원하던 '조용한' 모델이 중고 시장에는 거의 없고 있어도 새제품과 차이가 거의 없다는 점도 한몫했다. 내가 구매한 모델처럼 최신 서보모터로 제어되는 모델은 사절하거나 노루발을 들 때도 소음이 거의 없다. 반면, 중고 매물로 나온 구형 모델들은 대부분 솔레노이드 방식으로 작동해 노루발을 들거나 사절을 할 때마다 '철컥'하는 기계음이 크게 발생한다. 물론 이 소음이 이웃집까지 가지는 않는다고 듣긴 했지만, 나에게는 신경 쓰이는 부분 중 하나였다. 그리고 기계 하부의 기름통에 직접 기름을 채우고 주기적으로 교체하며 관리해야 하는 구형 기름 공급 방식도 부담이었다.

또한 문제 발생 시 도움을 받을 수 있는 A/S의 유무도 중요한 선택 기준이었다. 공업용 재봉틀은 구매처에서 A/S를 받는 것이 일반적인데, 간단한 문제는 전화나 카톡으로 증상을 설명하면 해결할 방법을 알려주기도 한다. 이런 점들을 고려해서 결국 믿을 수 있는 곳에서 새 제품을 구매하는 것이 가장 현명하다고 판단했다.

아이패드 파우치

세상에 내놓을 진심

북페어 부스

뜻밖의 신호들

2025년 4월, 한 북페어에 작가로 참여하게 되었다. 나는 책과 더불어 처음으로 직접 만든 패브릭 굿즈를 선보였다. 내 책 사이즈에 맞춘 북커버였다. 북페어의 분위기는 독립 출판물에 대한 관심보다는, 주말을 맞아 나온 동네 주민들의 나들이에 가까웠다. 이번에 많은 판매는 어렵겠다고 생각하던 차에, 한 고객이 거북이 원단으로 만든 북커버를 망설임 없이 구매해 가셨다. 예상치 못한 첫 패브릭 제품 판매 기록이었다. 나는 그때 내 취향과 시장의 반응은 다를 수 있다는 당연한 사실을 처음으로 실감했다.

북페어가 끝나고, 남은 북커버 하나를 지인에게 선물했다. 이 선물은 예상치 못한 일들로 이어졌다. 지인은 내게 선물받은 북커버를 자신의 인스타그램 스토리에 올렸고, 그것을 본 어떤 분께서 나에게 북커버의 주문 제작을 문의하는 DM을 보내온 것이다. 원하는 사이즈에 맞춰 북커버를 제작하고 제품을 직접 건네드리기까지 그분과 기분 좋은 대화를 나눴다. 소통하는 내내 칭찬을 아끼지 않으셨던 그분은, 마지막에는 "브랜드가 생기면 꼭 알려주세요."라는 따뜻한 격려도 잊지 않았다.

비슷한 시기에 다른 지인들 역시 내가 만든 소품들을 보고 "이거 만들어 줄 수 있어?" 하고 묻기 시작했다.

내 노력의 가치는 얼마일까?

　　　　내가 만든 물건을 친구에게 선물하는 것과, 돈을 받고 판매하는 것은 완전히 다른 차원의 문제다. 이것은 뜨개를 하면서도 겪었던 딜레마였다. 내가 한 달을 꼬박 들여 고급 실로 짠 스웨터를 입고 나가면, 사람들은 한결같이 "이거 정말 잘 만들었다. 갖다, 팔아!"라고 가볍게 말했다. 과연 그 스웨터를 다른 사람에게 판다면 얼마를 받아야 할까?

　　　　패브릭 제품을 만들어 판매하겠다는 결심을 하자 이번에도 비슷한 문제에 부딪혔다. 물론 뜨개보다는 완성까지의 시간이 짧다고 해도, 제품을 개발하고 만드는 데 들어간 나의 시간과 노력을 과연 얼마에 팔아야 할까?

무엇에든 진심인 나는, 내 마음에 들 때까지 파고드는 편이다. '이게 과연 판매할 만한 퀄리티일까?' 하는 의심이 들면 망설임 없이 뜯고 다시 박는다. 그래도 마음에 안 들면 재단부터 다시 시작한다. 바늘땀 하나하나가 반듯하게 보이도록 천천히 공을 들인다.

그래서 나는 나만의 가격 책정 공식을 세워보기로 했다. 가장 먼저 계산한 것은 '재료비'였다. 원단, 실, 심지, 라벨 등 눈에 보이는 비용을 더하는 것은 비교적 간단했다. 문제는 눈에 보이지 않는 <u>'나의 시간과 노력</u>'이었다.

나의 한 시간은 얼마일까? 최저시급을 기준으

로 하면 될까? 하지만 내가 책정한 가격표를 본 사람들이 수긍하지 않는다면 어쩌지? 시중에는 공장에서 대량으로 찍어낸 저렴한 제품들이 널려있다. 나는 내 노력을 소중히 여기지만 다른 사람에게는 그저 패브릭 제품 하나일 수도 있는 것이다.

　　　나와 비슷한 다른 창작자들은 어느 정도의 가격에 제품을 판매하고 있을까. 생각보다 높은 가격에 파는 사람도, 너무 낮게 파는 사람도 있었다. 결국 어디에도 정답은 없었다.

　　　내가 제품을 만드는 데 쏟은 시간과 정성은 돈으로 환산할 수 없는 가치를 지닌다. 그래서 가격을 정하는 일은 그 보이지 않는 가치를 존중하는 최소한의 기준을 세우는 과정과 같았다. 나는 내 노력에게 미안하지 않을 만큼의 가격표를 붙이기로 했다. 그것이 창작자로서 내 결과물에 대한 책임이자, 스스로 지켜야 할 자부심이라 믿는다.

뭘 만들면 좋을까?

　　　　　과연 어떤 물건을 만들어야 할까? 이것은 재봉을 시작한 후 매일같이 하는 고민이다. 북페어에서는 자연스럽게 책과 관련된 제품을 떠올렸고, 그렇게 북커버를 만들었다. 하지만 앞으로 계속해서 만들고 싶은 '나의 물건'은 무엇이면 좋을까. 나는 이 질문에 답하기 위해 내가 어떤 사람인지 먼저 들여다보기로 했다.

　　　　　돌이켜보면 나는 평소 물건을 쓰며 '이 부분은 조금 더 편했으면 좋겠는데' 하고 생각했던 순간들에서 아이디어를 얻곤 했다. 북커버 역시 콤팩트하면서도 다양한 두께의 책에 사용할 수 있으면 좋겠다는 작은 바람에서 시작된 것이었다. 어쩌면 내가 만들 물건들의 시작은 거창한 아이디어가 아니라 이런 사소한 불편함 속에 있는지도 모른다.

　　나의 작은 불편함에서 시작된 생각은 자연스레 물건을 쓰는 다른 사람의 마음을 헤아리는 일로 이어진다. 최근에 내가 배운 것은 단순히 예쁘게 만드는 것이 아니라, 쓰는 사람의 입장에서 생각하고 그들의 마음을 헤아리는 방법에 가까웠다. 그 덕분에 같은 제품이라도 더 나은 소재는 없을지, 어떤 크기가 사용하기에 더 편리할지, 혹시 보풀이 일거나 먼지가 너무 많이 붙지는 않을지 미리 고민하게 되었다. 버려지는 자투리 원단을 최소화하거나 친환경 소재를 사용해서 가능한 한 환경 친화적인 제품을 만들고 싶기도 하다. 나는 이런 사려 깊은 디테일 하나가, 물건에 대한 애정과 사용 만족감을 만든

다고 믿는다. 이렇게 생각들을 나열하고 나니 막연했던 고민의 방향이 조금씩 잡혀갔다. 내가 만들고 싶은 것은 단순히 예쁜 패브릭 소품이 아니었다.

'일상의 작은 불편함을 해소하는 사려 깊은 디테일을 더한
오래도록 곁에 두고 쓸 수 있는 물건.'

물론 구체적으로 어떤 제품을 가장 먼저 선보여야 할지에 대한 고민은 여전히 계속된다. 하지만 중요하고 분명한 것은 어떤 원단을 고르고, 어떤 마감을 하고, 어떤 디테일을 더할지에 대한 나의 모든 선택이 결국은 '나다운 물건'을 만들어내게 될 것이라는 점이다.

 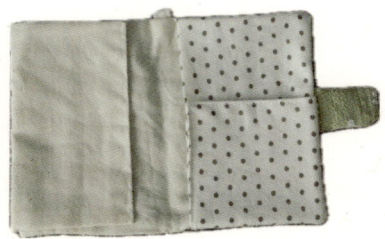

고민의 흔적
이 외에도 많지만 생략

나의 진짜 재봉 라이프 (마치며)

　　　　책을 만들 때도 느꼈지만 뭔가를 창작한다는 것은 결국 선택의 연속이다. 주어진 예산과 만들고 싶은 것 사이에서 타협해야 하고, 수많은 가능성 앞에서 고민해야 한다. 모든 결정을 혼자 하고 그 책임도 온전히 나 혼자 져야 한다는 무게감에, '이게 최선일까?' 하는 끝없는 질문은 언제나 과정을 더디게 만들었다.

　　　　재봉이라는 새로운 길에 들어서면서도 마찬가지였다. 어떤 재봉틀을 사야 할지 알아보고, 믿을만한 업체가 어디인지 발품을 팔고, 수많은 원단과 부자재 앞에서 망설이고, 삐뚤빼뚤한 스티치에 좌절하기도 했다. 때로는 '과연 내가 이걸 잘 해낼 수 있을까?' 하는 막막함에 사로잡히기도 했다.

나는 그동안 다양한 일을 해오면서도 앞으로 내가 무엇을 해야 할지 몰라 끊임없이 방황했고 지금도 하고 있다. 삶의 방향에 대해 고민하다 보니 자연스레 계속해서 새로운 것들을 찾아 배우고 시도하는 사람이 되어 있었다. 그리고 그 막막했던 시간 속에서 변화는 조용히 찾아왔다. 낯선 사람의 인정과 지인들의 꾸준한 응원이 더해져 막연했던 생각들에 조금씩 형태가 잡히기 시작했다. 나의 시간과 손길이 담긴 물건을 기꺼이 기다려주는 사람들이 있다는 것. 이 소중한 경험들이 모여 옅지만, 분명한 용기가 되었다.

이제 앞으로의 시간을 기꺼이 마주하고 패브릭 브랜드 런칭이라는 새로운 시작을 해보려 한다. 이 새로운 과제 앞에서도 미래에 대한 고민과 걱정은 끝나지 않는다. 과연 잘 해낼 수 있을까, 이 길이 나에게 맞는 길일까 하는 질문들이 꼬리표처럼 따라붙는다.

하지만 이런 막연한 불안감 속에서도 내가 결국 만들고 싶은 물건의 본질은 선명했다. 사용하는 사람의 삶에 어떤 편리함과 즐거움을 줄 수 있을까를 끊임없이 고민하는 것. 나는 이런 깊이 있는 고민과 디테일 하나하나가 물건에 대한 애정과 만족스러운 사용감을 만든다고 믿는다는 것.

이렇게 사용자 중심의 가치를 추구하는 나의 태도는 결국 내가 살아온 방식과 맞닿아 있다. 돌이켜보면 나는 살면서 불편한 점을 마주하면 더 나은 방식은 없을까 고민하고, 해결할 방법을 찾아 헤매는 사람이었다. 여기에 직접 만든 결과물을 좋아하는 '<u>만드는 사람</u>'으로서의 기질, 그리고 조금 피곤하더라도 타협하지 못하는 꼼꼼함과 완벽주의가 더해지겠지. 이것이 앞으로 내가 만들어가고 싶은 브랜드이자 결국은 내가 아닐까.

     지금까지 나의 삐뚤빼뚤한 시간을 함께해준 당신에게 감사의 마음을 전한다. 혹시 그 시간 동안 당신 안의 무언가를 발견하게 되었다면 더없는 영광이겠다. 우리의 길이 어디로 나아갈지 알 수 없지만 서로의 다음 이야기에 영감이 되고 또 응원이 되기를 바란다.

부록

재봉 준비물 가이드

수많은 도구 중 저의 경험을 바탕으로 꼭 필요한 도구부터 재봉의 질을 높여주는 도구까지 정리해 두었으니 참고하세요. 초보들을 위주로 재봉틀이 갖춰져 있다는 가정하에 작성되었습니다.

필수템

- 실

  처음에는 45수 2합 아이보리색 코아사 하나면 충분!

- 원단

  20수 또는 30수의 면 원단.

- 재단 가위

  오직 원단만 자르는 용도의 손에 맞는 재단 가위.

- 재단용 자

  반듯한 재단을 위한 최소 30cm 이상의 재단용 자.

- 재단판

  칼날로부터 책상을 보호하고, 정확한 재단을 돕는 눈금이 그려진 작업 판.

- 원단용 펜

  초크나 열펜, 기화펜, 수용성 펜 등 원단에 패턴을 그릴 펜. 나중에 어떤 방식으로 지울지 생각해서 구매하면 된다.

▸ 시침 핀 & 핀 쿠션

여러 겹의 원단을 고정하거나 패턴을 고정할 때 사용.

▸ 다리미 & 다림판

완성도의 8할은 '다림질'에 달려있다고 해도 과언이 아니다.

▸ 쪽가위

실밥을 제거할 때 아주 편리하다.

▸ 실뜯개

초보의 가장 친한 친구. 커터 칼로 대체 가능.

▸ 고무줄 끼우개

고무줄이나 각종 끈을 끼울 때 필요하다. 다양한 방식의 제품이 있으니 비교하여 구매하기.

▸ 송곳

모서리를 빼내거나, 원단에 구멍을 뚫을 때, 섬세하게 원단을 잡을 때 등 다용도로 쓰인다.

▸ 여분의 보빈

여분의 보빈이 있으면 윗실에 따라 여러 가지 밑실을 감아둘 수 있다. 같은 색도 여러 개 감아두면 작업을 끊기지 않게 할 수 있다.

- 보빈 케이스

    아무래도 보빈을 한 곳에 모아놓으면 찾기 좋다.
- 각종 노루발

    지퍼 달기, 단춧구멍 만들기 등 특수한 작업을 하기 위해서는 작업에 맞는 노루발을 갖춰두는 것이 좋다.

추천템

없어도 재봉은 가능하지만, 한번 써보면 이전으로는 돌아갈 수 없는 아이템들.

- 자석 조기

    재봉틀 침판에 붙여두면 일정한 간격으로 반듯하게 박을 수 있도록 도와준다. 종이 등을 잘라서 만들어 쓰기도 한다.
- 집게

    핀으로 고정하기 어려운 두꺼운 원단 등을 고정할 때 유용하다.
- 수용성 양면테이프, 패브릭 글루

    지퍼나 주머니를 달 때 시침 핀 없이 임시 고정을 할 수 있다.
- 다리미용 자

    다리미의 열을 견딜 수 있는 자. 시접을 정확하게 접어 다릴 때 유용하다.

▸ 우마

입체적인 부분을 다리기 수월해진다.

▸ 자석 핀쿠션

바닥에 떨어진 핀을 쉽게 붙일 수 있어 편리하고 안전하다. 묵직한 것은 문진 대용으로 쓸 수 있다.

▸ 시접자

다양한 시접 선이 있어 시접을 쉽게 그릴 수 있도록 도와준다.

▸ 시접 오프너

다리미를 쓰지 않고 다림질한 것 같은 효과를 줄 수 있다. 매번 다림질하기 힘들 때 사용한다.

공업용 재봉틀 유저를 위한 템

▸ cm 단위 침판

공업용 재봉틀에는 인치(inch) 단위의 침판이 기본 제공되는데 센티미터(cm) 단위 눈금이 있는 침판으로 교체해 두면 훨씬 직관적인 작업이 가능하다.

▸ 원터치 노루발 교환 장치

공업용 재봉틀은 노루발을 교체할 때마다 드라이버를 사용해야 하는데 원터치 노루발 교환 장치를 설치해 두면 대부분의 노루발을 드라이버를 사용하지 않고 간편하게 교체할 수 있다.

매일 SNS에는 우리의 눈길을 사로잡는 수많은 재봉 도구와 부자재 광고가 넘쳐날 거예요. 처음에는 모두 탐나 보이겠지만, 시간이 흐르면 알게 될 거예요. 그것들이 꼭 반드시 엄청나게 필요한 것은 아니라는 것을(과거의 나에게 해주고 싶은 이야기). 부디 화려한 유혹에 흔들리지말고 그 돈을 아껴서 다양한 원단을 골라 마음껏 원하는 재봉을 하시기 바랍니다.

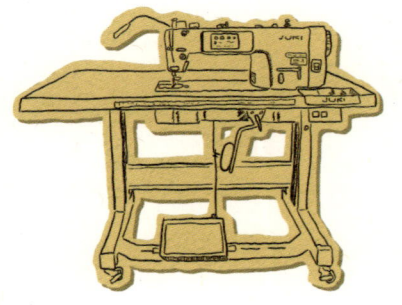

손으로 만드는 생각

지은이	소윤
펴낸이	오소윤
펴낸곳	두잇프레스

초판 1쇄 발행	2025년 10월 10일
ISBN	979-11-988265-1-0(03810)

소식	@do_it_press
문의	yunscentt@gmail.com

ⓒ 소윤 (오소윤), 2025

이 책에 실린 모든 글과 그림, 사진은
지은이의 허락 없이 무단으로 사용할 수 없습니다.